LETTRE
SUR LE SYSTÊME
DE L'AUTEUR
DE L'ESPRIT DES LOIX,

Touchant la Modération des Peines.

LETTRE A M***.

Vous vous rappellez, sans doute, Monsieur, qu'à l'occasion des diverses Brochures que nous avons vu paroître depuis quelque tems, au sujet des nouveaux Plans de réforme de notre Législation criminelle, je n'ai pu vous diffi-

A iij

muler ma furprife de voir de jeunes Écrivains, fans expérience, fans miffion, & fans d'autre titre que celui de *Philofophes* qu'ils affectent de prendre dans ces Brochures, s'ériger ainfi en Cenfeurs de nos Loix : comme s'ils pouvoient ignorer la diftinction effentielle qu'il faut mettre fur ce point, entre la *Philofophie* dont le but eft de nous peindre les Hommes tels qu'ils doivent être, & la *Législation* dont on fait que l'objet principal eft de nous les repréfenter tels qu'ils font : Diftinction d'ailleurs fi certaine dans la Pratique, qu'on ne trouve, en effet, dans l'Hiftoire de la Législation Grecque & Romaine, non plus que dans la nôtre, aucun

exemple que de simples Philoso-
phes aient jamais été appellés pour
la formation des Loix ; tandis que
nous voyons, au contraire, que le
soin de leur rédaction, comme
celui de veiller à leur exécution,
a toujours été confié par les Lé-
gislateurs à des premiers Magis-
trats, comme étant, sans contre-
dit, plus à portée que tous autres
de connoître l'utilité de ces mêmes
Loix, & de prévoir tous les obs-
tacles qui peuvent en empêcher
l'exécution.

Mais comme, parmi ces prétendus Réformateurs, il en est un
qui paroît devoir mériter une at-
tention plus particuliere, parce qu'il
joint en effet la qualité de Ma-
gistrat à celle de Philosophe, &

qu'il eſt même regardé parmi eux comme l'Inventeur du Syſtême que je me propoſe de diſcuter ici : C'eſt auſſi contre lui que je crois devoir diriger principalement mon attaque, ou plutôt ma défenſe ; (car je ne le combats, que parce qu'il attaque directement lui – même, par ce Syſtême, les principes que j'ai établi dans ma Collection des Loix criminelles.) Vous devinez bien, ſans doute Monſieur, que je veux vous parler de l'Auteur du Livre qui a pour titre l'*Eſprit des Loix*, dans lequel on trouve, en effet, le germe de ce nouveau Syſtême de la *Modération des peines*, que nos Philoſophes modernes n'ont fait que développer dans leur nouveaux Plans.

Quelque respectable que soit d'ailleurs, par son rang, son érudition & ses lumieres, l'Auteur d'un Ouvrage si vanté, & si digne de l'être à certains égards : qu'il me soit permis, pour vous faire juger d'avance, Monsieur, de quel poids peut être son suffrage dans la matiere dont il s'agit, & s'il étoit bien fait pour opérer une révolution dans notre Jurisprudence, de vous le faire d'abord considérer sous le point de vue général que présentent ses qualités personnelles, rapprochées de certaines assertions qui lui sont échappées relativement aux matieres de Religion & de Gouvernement.

En effet : que voyons — nous

d'abord dans la Qualité de cet Auteur ? un *Magiſtrat* faiſant profeſſion , par état , de la Religion Catholique ; qui , en parlant des diverſes Religions , prétend attribuer la cauſe de cette diverſité aux influences des divers climats , & qui aſſure , en conſéquence , " que Montezuma ne diſoit point " une abſurdité , quand il ſoutenoit " que la Religion des Eſpagnols " étoit donnée pour leur Pays , " & celle du Mexique pour le " Mexique... * " Qui poſe ailleurs pour maxime que « quand on eſt " maître de recevoir , ou de ne " pas recevoir une nouvelle Re- " ligion dans un Pays , il ne faut " pas l'y admettre , & que quand " elle y eſt établie , il faut la

* V. liv. 24, ch. 14.

» tolérer *... » Qui, après avoir fait
les plus grands éloges de la Secte
des Stoïciens, s'écrie ainsi avec
enthousiasme en parlant de l'Em—
pereur Julien **, » Oui, Julien,
» (un suffrage ainsi arraché ne me
» rendra point complice de son
» Apostasie,) non, il n'y a point
» eu après lui de Prince plus digne
» de gouverner les hommes. »
Prince cependant, dont vous savez,
Monsieur, qu'il ne nous reste au—
cune Loi, si l'on n'en excepte les
Édits fulminans qu'il a lancé contre
le Christianisme dans le sein du—
quel il étoit né, & qu'il n'a abjuré,
comme l'on fait, que pour se livrer
à des superstitions magiques.

Que voyons-nous, d'un autre
côté, dans la personne de cet Au—

* V. liv. 25, ch. 10.

** V. liv. 4, ch. 10.

A vj

teur ? un *François* d'origine, qui , faifant le parallelle des divers Gouvernemens , ne craint point , à la face de fa Nation , de donner la préférance au Gouvernement Républicain fur le Monarchique, & qui en donne pour raifon « que la vertu » eft le principal reffort qui fait » agir dans le premier , au lieu » que dans le dernier , le principal » reffort qui fait agir ne confifte » proprement que dans le préjugé » de l'honneur vrai ou faux *. »

* V. liv. 3, ch. 5. & 6.

Faut - il s'étonner après cela , de voir ce même Auteur fe jouer, comme il fait, de la fimplicité majeftueufe de nos Loix , & chercher même le plus fouvent à les tourner en ridicule : tandis qu'on le voit, d'un autre côté , canonifer celles des autres Nations, & épuiſer toute la ſubtilité des raiſonnemens pour tâcher de faire adopter dans notre Légiſlation les mêmes principes de *Tolérance* qu'il voudroit introduire dans la Religion ? Faut-il s'étonner de le voir, avec de tels principes, déclamer auſſi fortement qu'il le fait contre notre Juriſprudence criminelle, juſqu'à lui reprocher de ne point garder une proportion exacte entre les peines & la nature des crimes * ; mais ſur-tout, juſqu'à vouloir reclamer une indulgence particuliere en faveur de certains crimes que nous avions cru juſqu'ici en être les moins ſuſceptibles. Je veux dire, lorſqu'en parlant des crimes de LÈSE-MA-JESTÉ DIVINE, tels que le Blaſ-

* V. liv. 6, ch. 16.

phême , l'Athéifme , l'Héréfie , le Sacrilège , * &c. L'Auteur ofe avancer que ces crimes ne font point puniffables par la Juftice humaine , par la raifon , dit-il , *qu'il faut honorer la Divinité , & ne la venger jamais* **.... Lorfqu'à l'occafion des crimes de LÈSE-MAJESTÉ HUMAINE , il foutient qu'on ne doit point mettre dans cette claffe le défaut de révélation , des confpirations faites contre l'État , non plus que les attentats faits contre la vie des Miniftres ***.... Lorfqu'en traitant des crimes *de LUXURE* qu'il appelle *violation de la continence publique* , l'Auteur prétend que les fimples peines de la Jurifdiction correctionnelle peuvent fuffire pour la punition

* V. liv. 12 , ch. 4 & 5.

** V. liv. 12 , ch. 4.

*** V. liv. 12 , ch. 8.

de ces sortes de crimes * , comme * V. liv. 12, ch. 4. *étant moins fondés , dit-il , sur la méchanceté que sur l'oubli ou mépris de soi-même* ; & cela , sans en excepter même le crime des filles qui détruisent leur fruit , (sur quoi il s'éleve contre la rigueur de l'Édit d'Henri II , qu'il prétend être *contraire à la Loi naturelle* **) ** V. liv. 26, ch. 3. mais seulement les crimes de Rapt, & de Viol, parce qu'ils *sont*, dit-il, *contraires à la sûreté publique* ***. *** V. liv. 12, ch. 6. Il recommande aussi , en même tems , beaucoup de circonspection dans les poursuites des crimes contre nature, *comme étant*, dit-il, *très-souvent obscurs* ****... Lorsqu'en par- **** V. ibid. lant du *SUICIDE*, il blâme fort la Loi de Platon , qui veut qu'on punisse ceux qui cherchent à prévenir leur

condamnation par une mort vo-
lontaire *... Lorfqu'en parlant de
l'*Usure*, il avance pour maxime
" qu'encore que ce foit une bonne
" action de prêter fon argent fans
" intérêt, ce n'eft néanmoins qu'un
" fimple confeil de l'Évangile, le-
" quel ne peut faire la matiere d'une
" Loi**... " Enfin, lorfqu'en parlant du *VOL DE GRAND CHEMIN*,
il fe récrie fortement contre la
rigueur de la Loi qui prononce
la peine de la roue contre ces
fortes de Voleurs ; non feule-
ment·, parce que, *dit-il*, « cette
" rigueur n'a fait que fufpendre
" pour un tems cette efpece de
" vol, de maniere qu'on a volé
" depuis ce tems-là, comme au-
" paravant ; mais fur tout parce

* V. liv. 29,
ch. 9 & 16.

** V. liv.
22, ch. 19.

„ que cette Loi en affujettiffant,
„ comme elle fait, à la même
„ peine le Voleur de grand chemin
„ qui n'affaffine point, comme
„ celui qui affaffine, elle met par-
„ là les Voleurs dans le cas d'af-
„ faffiner toujours, fur le fonde-
„ ment *que les Morts ne racontent
„ point* ***. „**

* liv. 6, ch.
12 & 16.

Je pourrois vous citer encore,
Monfieur, plufieurs autres affer-
tions de ce même genre qui fe
trouvent répandues dans cet Ouvrage. Mais en voilà fans doute
affez pour vous en donner une
idée générale, ainfi que de fon
Auteur; & vous mettre à portée
d'apprécier en même-tems, & les
Argumens particuliers fur lefquels

il prétend appuyer son nouveau
Syftême, & la folidité des Réponfes
que je fuis en état de lui oppofer.

Je commence d'abord, par laiffer
à nos Théologiens, & à nos Poli-
tiques, le foin de relever tous les
écarts où l'Auteur paroît être tombé
dans ce qu'il dit fur la diverfité des
Religions, & des Gouvernemens.
Qu'il me foit feulement permis
d'obferver, en paffant, pour ce
qui concerne les *Gouvernemens*
en particulier, que les raifons fur
lefquelles l'Auteur voudroit fonder
la préférence qu'il donne au Gouvernement Républicain fur le Monarchique, femblent porter vifi-
blement à faux, (du moins, quant
à la partie qui concerne l'Adminif-

tration de la Juſtice criminelle :)
en ce qu'on ne peut douter qu'il
ne ſoit beaucoup plus avantageux
à un Accuſé de voir ſon ſort dépendre de la Loi établie par un
Monarque, qui eſt cenſé le Pere
de ſes Sujets & comme tel, a un
intérêt particulier à leur conſer-
vation ; que de voir ſa vie, ſon
honneur & ſes biens ſoumis au
ſort d'une Légiſlation formée par
le concours de différens membres
prépoſés à l'Adminiſtration d'une
République ; & par ce moyen ne
dépendre le plus ſouvent que de
la pluralité d'une ſeule voix, qui
pourroit elle-même n'être dictée
que par la paſſion, l'ignorance &
l'intérêt. Joint à ce que dans le cas
même où, contre toute apparence,

il pourroit fe trouver un excès de rigueur dans la Loi du Monarque, il refteroit du moins à fes Sujets l'efpérance de voir réparer un jour cet excès par fon fuccesfeur : Efpérance dont fe verroient fruftrés fans retour les Sujets d'un Corps républicain dont l'efprit fe perpétue, & qui ne meurt jamais.

Je ne crois pas devoir m'arrêter non plus, à réfuter ici les asfertions particulieres de l'Auteur, relativement aux Exemples qu'il nous donne des différentes efpeces de crime qu'il voudroit fouftraire à la rigueur de nos Loix: parce qu'outre qu'une pareille réfutation demanderoit un détail qui pasferoit les bornes d'une lettre ; j'ofe me flatter de les avoir fuffifamment écarté d'avance par les principes qui fe trouvent établis dans ma Collection, fur chacun de ces crimes en particulier.

L'objet principal que je me propofe donc ici, c'eft, comme je vous l'ai annoncé, Monfieur, de vous faire voir, par la comparaifon des vrais principes qui ont fervi de bafe à notre Jurifprudence criminelle avec ceux fur lefquels l'Auteur prétend fonder le nouveau Syftême qu'il voudroit lui fubftituer, toute l'injuftice & l'affectation des reproches, qu'il ofe faire à cette même Jurifprudence, de ne garder aucune proportion entre les peines & la nature des crimes.

Vous favez, Monfieur, que dans

l'origine, la Loi n'a été faite que pour réprimer le crime : tellement qu'on peut dire que fans le crime il n'y auroit jamais eu de Loi (1). Vous favez auffi , en même tems, que, comme les Loix criminelles ont finguliérement en vue le maintien de la sûreté & de la tranquillité publique pour le bien général de la Société ; l'objet principal qu'elles fe propofent dans l'impofition des peines , n'eft point tant de corriger le coupable & de le mettre hors d'état de nuire davantage, que de détourner par l'horreur de fon fupplice ceux qui pour-

---

(1) *Legis virtus hæc eft , imperare , vetare , permittere , punire.* L. 7 , *ff. de* LEG.

roient être tentés de suivre son exemple (1).

C'eſt d'après ces principes fondés ſur le Droit naturel , & des gens , qu'il faut néceſſairement conclure, que le véritable eſprit de la Juriſprudence criminelle doit tendre en général, plutôt à la rigueur qu'à l'indulgence , & ſur-tout dans un Gouvernement tel que le nôtre, ou , comme l'on ſait , le Monarque a confié l'exécution de ſes Loix à des Magiſtrats, & s'eſt réſervé à Lui ſeul le droit de faire des graces. C'eſt auſſi par cette raiſon ſans doute, que nous voyons

---

(1) *Ut & conſpectu deterreantur alii ab iiſdem facinoribus. V. l. Capitalium, ff. de pœnis.*

que nos dernieres Loix font toujours plus rigoureuſes que les anciennes ; tellement qu'il y a des
crimes qui n'étoient punis orīgi-
nairement que par des peines pé-
cuniaires, & qui le font aujour-
d'hui par des peines afflictives :
parce que l'événement a fait voir ,
comme il eſt dit dans le Préambule
de ces Loix , que l'inſuffiſance des
peines portées par les premieres ,
n'avoit ſervi qu'à faire *pullul-
ler* (1) les crimes qu'elles ſe pro-
poſoient de déraciner.

C'eſt encore , par une ſuite de ces

---

(1) V. le Préambule de l'Ordonnance
de François Ier. , en 1531 , qui prononce
la peine de mort contre les Notaires &
les Témoins fauſſaires.

principes

principes que nous voyons cette rigueur des peines s'être succeſſive-
ment accrue, à meſure que notre
Nation eſt devenue plus policée &
l'autorité de nos Loix plus affermie:
tellement qu'on peut aſſurer , d'a-
près l'Hiſtoire de notre Légiſlation,
que , s'il ſe trouve quelque exemple de Relâchement en cette matiere, ce n'a jamais été que ſous
les Regnes les plus foibles & les
plus orageux. Nous pourrions citer
à ce ſujet les *Édits de Pacifica-*
tion , & autres ſemblables Loix de
Circonſtances, qu'on ſait n'avoir fait
que pallier les déſordres, au lieu
de les détruire : en ſorte que les
abus qui s'en ſont enſuivis ont preſ-
qu'auſſi – tôt forcé d'en ordonner
la révocation.

B

Il fuit de-là, par conféquent, comme vous voyez, Monfieur, que de ne vouloir réformer les Loix que pour en adoucir la rigueur, c'eft vouloir dénaturer abfolument notre Légiflation criminelle ; puifqu'un pareil adouciffement (fur-tout dans un fiecle auffi corrompu que le nôtre) ferviroit moins de frein que d'encouragement au crime : l'expérience de tous les tems ayant fait voir qu'on ne pouvoit arrêter le progrès de ce mal contagieux, que par les remedes les plus violens, & par la force des impreffions falutaires que peut faire fur les efprits le fpectacle d'un châtiment exemplaire.

C'eft cependant, (l'auriez-vous cru, Monfieur ?) c'eft ce même adouciſſement : c'eſt cette *Modé-ration des Peines* qui fait l'objet particulier du nouveau Syſtême qu'on nous propoſe aujourd'hui. Mais ce qui ne vous étonnera pas moins ſans doute, c'eſt de voir qu'en même tems que l'on s'efforce de faire pencher ainſi la balance du côté de la Douceur, l'on oſe reprocher à notre Juriſprudence criminelle de ne point garder une Proportion exacte entre les peines & la nature des crimes.

Mais après tout, que veut donc nous dire l'Auteur par cette *proportion exacte entre les Peines & la nature des Crimes?* L'entend-il dans le ſens de la Loi Romaine qui veut que, dans l'impoſition des peines, le Juge n'affecte ni rigueur,

ni clémence , mais qu'il les appli-
que fuivant l'exigence des cas (1) :
c'eft-à-dire en puniffant de peines
légeres les crimes légers, & de peines rigoureufes les crimes graves ?
Nous conviendrons volontiers avec
lui de la fageffe de cette maxime
générale ; mais il faut qu'il convienne auffi, en même tems , que
cette maxime a fouffert elle-même
des modifications par deux autres
maximes également certaines fuivant le même Droit Romain. L'une
que nous avons indiqué plus haut,
c'eft que les peines ayant été éta-

----

(1) *Inquirendum eft judicanti, nequid aut
durius, aut remiffus conftituatur, quam causà
depofcit ; fed perpenfo judicio, prout quæque
res expoftulat ftatuendum eft.* **L.** 11 , **ff. de
pœnis.**

blies principalement pour *l'exem-*
ple, c'est par conséquent moins par
les impressions qu'elles peuvent faire
sur la personne du Coupable, que
par celles qu'elles font sur l'esprit du
Peuple qui en est le témoin, que
l'on doit juger du plus ou moins
de rigueur de ces peines, & con-
séquemment, si elles ont une proportion exacte avec la nature des
crimes qu'elles ont pour objet de
réprimer. L'autre, que ce n'est pas
toujours la Nature du crime en lui-
même qu'il faut considérer pour
juger de cette exacte proportion ;
mais que l'on en doit juger le plus
souvent par les Circonstances dont
il est accompagné, & qui font que
le même crime ne doit pas toujours
être puni de la même maniere :

B iij

l'on veut dire qu'il y a de certains crimes qui, quoique légers de leur nature, peuvent devenir graves par leurs circonſtances : tandis qu'il y en a au contraire qui, quoique graves de leur nature, peuvent être atténués par les circonſtances dont ils ſont accompagnés : circonſtances qui ſe tirent d'ailleurs, comme l'on ſait, tantôt de la cauſe ou du motif particulier qui les a fait commettre, tantôt de la Qualité des Perſonnes qui les commettent, ou envers qui ils ſont commis ; tantôt enfin de l'événement, de la quantité, du tems, & du lieu où ils ont été commis (1).

____

(1) *Cauſâ, perſonâ, loco, tempore, qualitate, quantitate, eventû. V. l. aut facta ff., de pœnis.*

C'eft auffi fur le fondement de cette derniere Maxime , que nous voyons, que dans de certaines Loix le Prince ne juge pas à propos , (à caufe de cette variété infinie de circonftances dont les crimes qui font l'objet particulier de ces Loix peuvent être fufceptibles) d'en déterminer précifément la peine , mais qu'il prend le parti de s'en rapporter à la prudence des Juges fur ce point. Tandis que dans d'autres, après avoir marqué la peine ordinaire de ces crimes, il permet aux Juges d'en augmenter la rigueur, lorfque ces crimes fe trouvent accompagnés de certaines circonftances qui en augmentent l'atrocité ; comme , *v. g.* , en fait de *Blafphême*, & de *Rapt de féduction.*

Il arrive auffi quelquefois, que le Légiflateur fe porte à modérer lui-même la rigueur des peines, que les Tribunaux font dans l'ufage de prononcer. Nous en avons, entr'autres, un exemple remarquable dans la Déclaration du 22 Novembre 1730, qui abolit l'ufage où étoit le Parlement de Bretagne de condamner à la peine de mort, comme coupables de *Rapt de féduction*, les jeunes gens convaincus d'avoir abufé de filles mineures : fans diftinguer ceux qui n'étoient feulement coupables que d'un *fimple commerce illicite*, comme n'étant point dans les circonftances que cette Loi exige pour former le Rapt de séduction.

Mais, qu'il y ait des Loix par lesquelles le Prince, après avoir déterminé une peine quelconque, ait laissé aux Juges la faculté d'en modérer la rigueur ; & pareillement, qu'il y en ait d'autres par lesquelles le Prince ait révoqué des Loix précédentes, uniquement à cause de la trop grande rigueur des peines qui s'y trouvoient portées : c'est encore une fois, ce dont l'Histoire de notre Législation ne nous fournit aucun exemple. Et pourquoi cela ? si ce n'est par la raison, comme nous l'avons dit, que ce seroit aller directement contre l'esprit de cette même Législation, qui doit néces-

faitement tendre à la rigueur : fauf
au Prince de la tempérer, en ufant
de la faculté qu'il s'eft réfervé de
faire grace à ceux qu'il juge à propos de fouftraire à la févérité de
ces mêmes Loix. Ce qu'il fait
même le plus fouvent fur la re-
préfentation des Magiftrats eux-
mêmes.

Ce n'eft pas, au refte, (& nous
le reconnoîtrons toujours bien volontiers,) qu'il n'y ait, fuivant les
principes même de notre Légiflation, de certains cas où l'indulgence eft finguliérement recom-
mandée aux Juges : je veux parler
fur-tout de ceux où il s'agit de la
Défenfe des Accufés : parce qu'en
effet l'Innocence devant naturel-

lement fe préfumer , & l'homme
le plus innocent pouvant devenir
lui - même Accufé , les regles de
la Juftice, d'accord fur ce point avec
celles de l'Humanité , exigent que
l'on confidere principalement tout
ce qui eft à l'avantage de ces Accufés , lorfqu'il eft queftion de
décider de leur fort : tellement
que dans le doute , nos Loix veu-
lent que l'on préfere l'avis qui leur
eft le plus favorable , en cas d'é-
galité de voix (1). Je fuis moi-
même fi fort éloigné de combattre une pareille maxime , qu'il n'a
pas tenu à moi de lui donner le
plus d'extenfion poffible , comme

---

(1) V. entr'autres l'art. 12 du tit. 25
de l'Ordonnance de 1670.

on peut le voir dans le petit Mé-
moire inféré à la fuite de ma Collection des Loix criminelles.

C'eft auffi cette même faveur
des Accufés qui a fervi fans
doute de motif à la nouvelle
Loi (1) que vient de rendre notre
augufte Monarque, pour l'abolition

____

(1) « Nous ne pouvons nous refufer *aux ré-*
» *flexions & à l'expérience des premiers Magif-*
» *trats...* Nous ne penfons donc pas devoir
» différer de faire ceffer un pareil ufage, &
» d'annoncer en même tems à nos Peuples
» que fi, par *un effet de notre clémence natu-*
» *relle*, nous nous relâchons en cette occa-
» fion de l'ancienne févérité des Loix ;
» nous n'entendons pas toutefois reftraindre
» leur autorité, *par rapport aux autres voies*
» *qu'elles prefcrivent pour conftater les délits*
» *& les crimes, & pour punir ceux qui en feront*
» *duement convaincus.* » Déclaration du 24
Août 1780.

de la *Question préparatoire* : Loi qui, (quoiqu'en veuillent dire les Partifans du nouveau Syftème,) n'a fait que confirmer tous les principes que je viens d'établir : en ce que S. M. y déclare formellement qu'Elle ne s'eft portée à la rendre que par l'effet de fa Clémence naturelle, & fur les Repréfentations des premiers Magiftrats : & qu'au furplus, Elle n'entend point reftreindre *l'autorité des anciennes Loix, par rapport aux autres voies qu'elles prefcrivent pour conftater les crimes, & punir ceux qui en feront duement convaincus.* Dernière difpofition qui, comme l'on voit, ne permet pas de douter que S. M. ne s'eft propofée uniquement dans cette

Loi , que de venir au fecours des Accufés non encore convaincus de crimes , à qui Elle veut bien épargner une voie auffi rigoureufe pour parvenir à les en convaincre , que celle de la Queftion *préparatoire :* tellement qu'Elle laiffe fubfifter la Queftion *préalable* qui s'ordonne , comme l'on fait , contre les Accufés déja convaincus de crime , afin de parvenir à la révélation de leurs Complices.

Ce n'eft pas cependant ainfi , que paroît l'entendre l'Auteur du nouveau Syftême que je combats. Vous avez vu , Monfieur , par les exemples que j'ai rapporté d'après ce même Auteur , que ce n'eft pas feulement , fi on l'en croit, fur de fimples Accufés que doit porter l'in-

dulgence dont il parle ; mais fur des
Coupables mêmes déja convaincus
de crime qu'il voudroit fouftraire
à la rigueur des Peines pronon‑
cées par nos Loix. C'eft de quoi
vous allez encore mieux vous
convaincre , d'après la difcuffion
où je vais entrer des Argumens
particuliers fur lefquels il prétend
fonder ce nouveau Syftême. Voici
à quoi ces Argumens paroiffent fe
réduire. L'Auteur 'pofe d'abord
pour maxime générale * , « que
» la févérité des Peines ne peut
» convenir qu'au feul Gouverne‑
» ment Defpotique , dont le prin‑
» cipe eft la terreur... Au lieu, *dit‑*
» *il*, que pour les Gouvernemens
» Monarchiques ou Républicains ,
» qu'il appelle *États modérés* ,

* V. liv. 6, ch. 9 & 12.

» l'amour de la Patrie , la honte
» & la crainte du Blâme font au-
» tant de motifs réprimans , qui
» peuvent arrêter bien des crimes...
» Que l'expérience fait remarquer
» que dans les Pays où les Peines
» font douces , l'efprit du Ci-
» toyen en eft frappé , comme il
» l'eft ailleurs par les grandes !...
» Que la plus grande Peine d'une
» mauvaife action eft d'en être
» convaincu.... Qu'en un mot ,
» par la rigueur des Peines, l'on ne
» fait qu'ufer les refforts d'un Gou-
» vernement. »

C'eft contre des affertions auffi
dangereufes que nouvelles , que je
crois devoir m'élever aujourd'hui.
Vous allez voir, Monfieur , par
les raifonnemens les plus fimples

que j'ai à leur oppofer, que bien loin qu'on puiffe dire, comme fait notre Auteur, que la févérité des Peines ne tend qu'à ufer les refforts d'un Gouvernement ; elle ne fert au contraire (lorfqu'elle eft employée à propos, comme elle l'eft par nos Loix, qui en ufent à cet égard de même que les fages Médecins dans l'application des remedes les plus violens), qu'à donner à ce Gouvernement toute l'énergie & la vigueur néceffaire pour y affurer cette tranquillité publique, qu'on fait n'avoir jamais été le fruit de cette molle & lâche Tolérance que nous prêche ici l'Auteur.

Et d'abord : peut-on voir fans étonnement, ce même Auteur qui fe déchaîne fi fort ici contre notre Légiflation Françoife , lui donner ailleurs les plus grands éloges , en difant, entr'autres , « que fi depuis » deux ou trois fiecles , la France » a augmenté fans ceffe en puif- » fance , l'on doit l'attribuer à la » Bonté de fes Loix , & non pas » à la Fortune , qui n'a pas ces » fortes de conftance * »... Mais ce n'eft point affez de mettre ainfi l'Auteur en contradiction avec lui-même ; hâtons-nous de faire voir qu'il n'eft pas moins inconféquent dans les Raifonnemens qu'il fait pour tâcher de juftifier les Affer-tions dont on vient de parler.

Suivant cet Auteur : *dans les Pays où les Peines font douces , l'efprit du Citoyen en eft frappé , comme il l'eſt ailleurs par les grandes...* Mais quelles preuves nous donne-t-il d'une pareille aſſertion? C'eſt, *dit-il,* *l'expérience qui le fait remarquer ainſi...* Mais cette prétendue expérience, comment l'Auteur la prouve-t-il? elle ne pourroit l'être ſans doute que par des Exemples, & vous venez de voir, Monſieur, que l'Auteur ne nous en cite aucun... Eh! comment, après tout, pourroit-il nous en citer? tandis que nous ſommes nous-mêmes en état de lui en oppoſer une foule d'autres abſolument contraires : & cela, ſans les chercher plus loin que dans l'Hiſtoire de notre Nation, d'après laquelle nous avons obſervé que les Peines y étoient originairement plus douces qu'elles le ſont aujourd'hui ; & que ce n'eſt préciſément que , parce que l'expérience avoit fait voir qu'elles étoient inſuffiſantes pour arrêter le progrès des Crimes , qu'on s'eſt vu obligé d'en augmenter la rigueur : tellement que nos dernieres Loix n'ont fait qu'enchérir ſucceſſivement à cet égard ſur les précédentes.

Je ne veux même, ſur cela, d'autre preuve que celle que l'Auteur vient de nous fournir lui — même dans l'exemple *du Vol de grand chemin.* Qui ne ſait en effet que depuis l'Ordonnance de François Ier. , (de 1534 ,) qui la premiere a porté la rigueur, juſqu'à prononcer la Peine de la Roue contre les Voleurs de grand chemin ; ces ſortes de Crimes ſont devenus infiniment plus rares qu'ils ne l'étoient avant cette Loi, qu'on fait n'avoir été publiée que pour purger le Royaume de cette espece de Brigands dont il étoit pour lors infesté.

Mais, si l'on ne peut qu'être étonné de voir, que malgré une expérience aussi constante, l'Auteur se récrie, comme il fait, sur l'inutilité de cette Loi; on doit l'être encore bien davantage du Reproche qu'il ose lui faire d'une prétendue injustice, en ce qu'elle fait, *dit-il*, subir la même Peine au Voleur de grand chemin qui n'assassine point, qu'à celui qui assassine : comme s'il pouvoit ignorer cette sage Maxime du Droit qui veut, qu'en fait de Crimes atroces, la simple volonté soit réputée pour le fait (1) : Maxime qui reçoit même ici une application d'autant plus néceſſaire, qu'on ne peut douter que celui qui attaque ſur un grand chemin pour voler, né ſoit dans la détermination abſolue de tuer, ſi on lui réſiſte. Qui ne ſent d'ailleurs que cette prétendue multiplicité d'aſſaſſinats que l'Auteur ſuppoſe devoir réſulter de la parité de ſupplice én pareil cas, n'eſt au fond qu'une pure chimere? Quand on conſidere l'intérêt ſenſible qu'a le Voleur de ne point aſſaſſiner : en ce qu'il ne peut ſe diſſimuler qu'en le faiſant, non

____

(1) *In maleficiis voluntas ſpectatur non exitus.* L. 79, ff. 14, ff. ad leg. Cornel. de Siccar.

feulement il s'expofe à voir accu-
muler contre lui une foule de
preuves que n'auroit point à re-
douter celui qui n'affaffine point :
(telles entr'autres, que celles qui ré-
fulteroient des cris du mourant ,
du bruit des armes , de la qualité
des plaies , des traces du fang , des
effets trouvés fur la perfonne affaf-
finée , & de la déclaration même
de celle-ci, à qui il feroit encore
refté quelqu'inftant de vie) mais ,
que de plus , il fe met par-là né-
ceffairement en bute aux pour-
fuites les plus vives que ne manque-
roit pas d'exciter contre lui la dé-
couverte d'un Cadavre ; foit de la
part des Parens du Défunt ; foit de
la part des Officiers chargés de
veiller à la fûreté des chemins :

Pourſuites auxquelles on le voit rarement échapper ; tandis qu'à peine voit-on quelqu'exemple de punition des Voleurs qui n'aſſaſſinent point ; & cela ſans doute, tant à cauſe de la difficulté qu'il y a de pouvoir les convaincre de ces ſortes de vols, qui ſe font ordinairement à la faveur des ténebres, ou des déguiſemens ; qu'à cauſe de cette eſpece d'indifférence avec laquelle le Public a coutume d'enviſager ces ſortes d'événemens qui n'intéreſſent proprement que des Particuliers, leſquels peuvent avoir d'ailleurs des motifs perſonnels pour en impoſer à la Juſtice ſur ce point.

Je n'ai donc beſoin, comme vous voyez, Monſieur, que de

ce

ce feul Exemple que l'Auteur m'a fourni lui-même , pour faire juger des écarts où il eft tombé en avançant, comme il fait, pour Maxime que la févérité des Peines ne peut convenir qu'au feul Gouvernement Defpotique ; & qu'à l'égard des autres Gouvernemens, l'amour de la Patrie , la honte, ou la crainte du Blâme font des motifs réprimans qui peuvent fervir de frein au Crime. Mais l'on ne fait que mieux fe convaincre de ces écarts ; lorfque , pour juftifier l'application qu'il voudroit faire de cette prétendue Maxime à un Gouvernement Monarchique, tel que le nôtre ; on lui voit ajouter avec la même affurance , que dans ces fortes de Gouvernemens, le principal reffort

C

qui fait agir , confifte dans le *Préjugé de l'honneur, vrai* ou *faux.*

En effet : l'on feroit curieux de favoir ce que cet Auteur veut nous faire entendre par ce Préjugé de de l'*honneur , vrai* ou *faux.* Voudroit-il infinuer par-là , qu'en général, toutes les Actions criminelles qui fe commettent parmi nous , ne font dirigées que par l'un ou l'autre de ces motifs ? mais ce feroit là une fuppofition évidemment démentie par l'expérience journaliere, qui nous apprend qu'il y a de certaines actions (& même dans le plus grand nombre) qui ne font dirigées par aucun de ces deux fortes de préjugés, & qui n'ont pour principe qu'une *malice ré-*

fléchie, comme font tous les Crimes qui fe commettent par dol ,
par baffeffe , par haine , par cu-
pidité par trahifon , &c. ; & qui ,
comme tels , bleffant ouvertement
les Loix de la Nature & de la Religion, ne peuvent conféquemment
compatir avec ces prétendus *motifs*
réprimans , qu'il donne pour bafe à
fon Syftême.

Ainfi, à la bonne heure que cette
indulgence , cette modération de
Peines que recommande l'Auteur ,
puiffe avoir lieu dans des Actions
criminelles qui n'auroient pour
principe que ce préjugé de *l'hon-*
neur, vrai ou *faux* , dont il parle ;
(encore faudroit - il diftinguer à
cet égard, celles de ces Actions qui
n'auroient été dirigées que par le

préjugé du *vrai honneur*, comme lorfqu'elles auroient été commifes involontairement , & dans la né— ceffité d'une légitime défenfe ; des Actions criminelles qui n'auroient pour caufe que le préjugé d'un *faux honneur*, comme celles commifes dans la chaleur d'un premier mou- vement, excité par quelque Paffion violente : en ce qu'au lieu qu'à l'égard des Actions de la premiere efpece , le Prince s'eft engagé formellement de remettre la Peine que les Loix prononcent contre ceux qui les commettent ; il fe réferve feulement, quant aux der— nieres , la faculté d'en remettre la Peine fuivant les circonftances qui peuvent les rendre plus ou moins excufables)... Mais encore une fois, pour ce qui regarde les Actions criminelles de la troisieme classe, qui se commettent avec *préméditation* : Comme celles-ci sont de nature à ne pouvoir être excusées par aucunes circonstances, en ce qu'elles supposent, dans ceux qui les commettent, une dépravation radicale dans les mœurs qui les rend absolument incapables de ces sentimens de *l'amour de la Patrie, de la honte, & de la crainte du Blâme* dont parle l'Auteur : il faut nécessairement qu'il convienne avec nous, qu'il n'y a, & ne peut y avoir dans ce dernier cas, que la seule crainte des châtimens qui puisse contenir ces sortes de Coupables ; & que l'indulgence dont on useroit à leur

égard , feroit de la plus dange-
reufe conféquence ; en ce qu'elle
ne ferviroit qu'à les encourager à
commettre de plus grands crimes ,
auxquels on ne vient, comme l'on
fait , que par degrés. C'eſt auſſi
par cette raifon , fans doute, que
tandis que nous voyons *d'une part,*
que dans les Loix qui concernent
les Aĉtions criminelles des deux
premieres claſſes , le Prince veut
bien s'en rapporter quelquefois à
la prudence des Juges , pour en
déterminer la Peine ſuivant les
diverſes circonſtances dont elles
peuvent être fufceptibles : L'on voit
auſſi *d'un autre côté* , qu'il a tou—
jours foin , lorſqu'il s'agit des dernieres, d'en déterminer précifément
la Peine , avec des défenfes expreſſes

aux Juges de pouvoir la modérer dans aucun cas : ou bien même, s'il leur permet quelquefois de s'écarter de la Peine ordinaire qu'il a marqué pour ces sortes de Crimes; ce n'est jamais, comme nous l'avons dit, que pour en augmenter la rigueur, dans les cas où ces Juges viendroient à découvrir certaines circonstances qui augmenteroient elles — mêmes l'atrocité de ces Crimes.

En effet : (& c'est ici un Di-lemme qui me paroît trancher ab-solument toute difficulté sur ce point) ou la Loi qui a prononcé des Peines rigoureuses contre ces sortes de Crimes, en a arrêté les progrès : ou elle ne les a point arrêtés. Au premier cas, l'objet de de la Loi se trouvant rempli , & son utilité étant reconnue , il faut nécessairement la laisser sub—sister : de-là, par conséquent, nul prétexte à l'introduction du nou—veau Système dont il s'agit. Dans le second cas où la Loi n'auroit point encore produit tout l'effet qu'on en attendoit : comme cela ne pourroit provenir que de l'une ou de l'autre de ces deux causes : ou de l'*insuffisance* de la Peine qu'elle auroit porté ; & alors ce seroit le cas où il faudroit nécessairement y suppléer par une nouvelle Loi qui prononceroit des Peines encore plus fortes : ou bien de l'*inexécution* de cette même Loi , qui auroit été occasionnée par des inconvéniens qu'elle n'auroit

pas prévu; ou même par la négli-
gence de ceux à qui l'exécution
de cette Loi auroit été confiée.
Dans ce dernier cas, l'on convient
qu'il faudroit encore une nouvelle
Loi, non point pour changer la
Peine portée par la premiere, mais
feulement pour mieux affurer l'exécution de celle – ci ; en ajoutant
des difpofitions particulieres qui
tendroient à lever les obftacles qui
auroient pu empêcher jufqu'alors
cette exécution ; foit par l'établif-
fement de nouvelles formes pour
faciliter l'Inftruction & la Preuve
de ces Crimes, foit par des In-
jonctions & Peines particulieres
qu'elle prononceroit, pour exciter la diligence de ceux qui fe-
roient chargés de l'exécution de
C v

ces mêmes Loix. Mais de préten-
dre, comme fait notre Auteur ,
(& d'après lui , tous les Partifans
de fon nouveau Syftême) que l'on
doive rendre de nouvelles Loix ,
uniquement pour modérer la rigueur des Peines portées par les
précédentes, contre des Crimes de
l'efpece dont on vient de parler :
c'eft , comme nous l'avons dit ,
& nous ne faurions trop le répéter,
vouloir dénaturer abfolument notre
Jurifprudence criminelle. C'eft vouloir fuppofer ce qu'il ne peut jamais
être permis de fuppofer, (fur-tout
dans un Gouvernement tel que le
nôtre) favoir... ou qu'il y auroit
une injuftice manifefte dans ces
premieres Loix : ce qui tendroit à
faire tomber notre Légiflation dans

le mépris;... ou bien que les Crimes contre lesquels ces premieres Loix auroient été portées, seroient devenus moins punissables, parce qu'ils seroient devenus plus fréquens : ce qui tendroit par conséquent à encourager à ces mêmes Crimes, en diminuant insensiblement cette horreur naturelle qu'ils inspirent;... ou enfin, ce seroit supposer que dans l'imposition des Peines, l'on devroit plutôt considérer la personne du Coupable que l'intérêt général de la *Société* : supposition qui tendroit, comme nous l'avons dit, au renversement de cette maxime inviolable de notre Droit public, suivant laquelle les Peines ont été principalement établies pour l'exemple.

C'eſt ainſi, comme vous voyez, Monſieur, qu'au lieu de s'occuper du ſoin de protéger l'Innocence, & de veiller à la ſûreté des honnêtes Gens, (cette Portion la plus précieuſe de la Société, que nos Loix ont toujours eu principalement en vue ; parce que ce n'eſt que par eux qu'elle peut ſubſiſter) nos prétendus nouveaux Réformateurs, oubliant entiérement les vrais intérêts de cette Humanité qu'ils nous prêchent ſi fort, ſemblent vouloir la réſerver principalement en faveur de ceux qui en ſont les fléaux, & qui la déshonorent.

Je m'arrête ici, Monſieur, perſuadé que le danger de toutes ces conſéquences n'aura point échappé à votre fagacité & à vos lumieres. Mais après tout ; cette foule d'exemples que nous avons fous les yeux, des funeftes effets qu'a déja produit le mépris des Loix, par cet efprit d'anarchie & d'infubordination qui commence à pénétrer dans les Familles, comme dans les diverfes Claffes de la Société... En un mot, tout ce déluge de maux qui en font la fuite, & dont vient de nous tracer un Tableau auffi effrayant que pathétique, l'éloquent & zélé Magiftrat (1), fur le Réquifitoire duquel a été rendu l'Arrêt mémorable de ce Parlement, qui a flétri un des Ouvrages les plus monf-

____

(1) M. l'Avocat-Général Séguier.

trueux en ce genre (1). Tout cela vous en aura fans doute plus appris que je ne pourrois vous en dire dans cet Écrit... Vous n'ignorez pas d'ailleurs, que j'ai déja eu occafion de m'expliquer plus particuliére- ment à ce fujet, dans un petit Ouvrage que j'ai donné, il y a quelques années, fous le titre de *Réfutation du Traité des Délits & Reines*, de ce fameux Traité qui ne contient au fond, comme je l'ai fait voir, que le dévelop- pement des Principes établis dans

---

(1) *Hiftoire Philofophique & Politique*, par *l'Abbé Raynal*, imprimée à Geneve en 1780. L'Arrêt ordonne que cet Ouvrage fera lacéré par les mains du Bourreau, & jeté au feu; & il décrete en même tems de prife de corps l'Auteur.

celui que je viens de combattre.
Vous avez pu favoir auffi , que de
toutes les Réfutations qui ont été
faites en grand nombre de ce même
Traité , la mienne eft la feule qui
foit reftée fans réplique ; parce
qu'elle fe trouvoit appuyée de
Maximes les plus conftantes &
les plus inviolables en cette matiere. C'eft ce que n'a pu s'empêcher de reconnoître le nouvel
Éditeur de ce Traité , par l'aveu
formel qu'il fait dans fa Préface (1),

----

(1) « L'on ne peut que louer (*ce font*
» *fes termes*) le zele & les motifs du Cri-
» tique François : nous dirons feulement
» que notre Auteur , n'ayant parlé des
» Loix qu'en général , fans acception de
» tems , ni de lieu , comme il le dit lui-
» même ; l'on auroit pu fe difpenfer de

que les écarts que j'ai relevé dans cet Ouvrage ne procedoient vrai-semblablement que de l'ignorance où étoit son Auteur, en sa qualité d'Étranger, des Maximes de notre Jurisprudence Françoise.

La modestie & l'ingénuité de cet aveu, jointes à la docilité avec laquelle cet Éditeur s'est empressé de réformer les principales erreurs que j'ai relevé dans ce Traité, auroit bien dû servir de leçon à

» lui supposer des vues & des principes » qui ne sont, ni dans son cœur, ni dans » ses écrits, & de prendre parti *pour la* » *Jurisprudence Françoise, qu'il ne connoissoit* » *vraisemblablement pas alors...* » V. l'*Avis du Libraire* qui est en tête de la nouvelle Édition du *Traité des Délits & des Peines*, faite en 1773.

un certain Journaliste, qui s'est avisé de critiquer ma Collection des Loix criminelles, en insinuant que j'y ai laissé entrevoir un excès de rigidité dans mon caractere, en même tems qu'un zele trop ardent pour la défense des Loix de la Religion. Vous avez pu voir, Monsieur, dans d'autres Journaux, que l'affectation & l'indécence d'une pareille critique contre un Ouvrage dédié au Roi, & dont l'utilité reconnue en a occasionné une double contrefaçon, presqu'aussi tôt après sa Publication (1), ont

____

(1) La premiere, *in-fol.*, faite à Avignon en 1781, environ une année après la publication de cet Ouvrage : L'autre *in-4°.* faite en dernier lieu à Neuchatel en Suisse.

armé différentes plumes pour ma défenfe. Je me fuis cru d'autant plus difpenfé d'y répondre moi-même, que j'ai eu d'ailleurs la fatisfaction de me voir amplement vengé par la réunion de deux fuffrages, d'autant plus flatteurs pour moi qu'ils juftifient en même tems & l'orthodoxie, & la folidité des Principes que j'ai établis dans cette Collection : je veux parler de deux Lettres dont je viens d'être honoré ; l'une de la part de ce grand PAPE, qui remplit fi dignement le S. Siége : l'autre de la part d'un MONARQUE, connu pour un des plus grands Légiflateurs de l'Europe, & dont le jugement eft d'autant plus à confidérer en cette matiere, qu'il a publié en dernier lieu un CODE CRIMINEL fait pour servir de modele à toutes les Nations. Comme rien n'eſt ſans doute plus capable d'impoſer un ſilence abſolu à mes Critiques, que la Publicité d'une Approbation ainſi conſacrée par le concours des deux Puiſſances ; je crois devoir vous faire part, Monſieur, de ces deux Lettres, dont vous trouverez les Copies à la ſuite de celle-ci. Il ne me reſte plus qu'à vous obſerver, en la finiſſant, que la Critique que je viens d'y faire des Opinions ſyſtématiques de l'Auteur de l'*Eſprit des Loix*, ne doit point paroître nouvelle : & qu'elle a déja été précédée de pluſieurs autres qui ont été faites ſur toutes les différentes parties de ce même Ouvrage. Vous pouvez

en voir la lifte, en tête de la der‑
niere Édition faite en 1770, en
quatre volumes *in*‑12. Vous verrez,
entr'autres, à la fuite du dernier
volume, quelle eft la *Défenfe*
qu'y ont oppofé, tant l'Éditeur
que l'Auteur lui‑même qui a effuyé
la plupart de ces Critiques de fon
vivant; & que les *Réponfes* qu'ils
y donnent l'un & l'autre ne font
pas, à beaucoup près, auffi fatis‑
faifantes qu'on pourroit le defirer.
Vous favez d'ailleurs, fans doute,
qu'il n'y a pas même, jufqu'à l'un
des plus zélés Partifans de fon
Syftême (1), qui n'ait critiqué cet
Ouvrage du côté du Style, en l'ap‑
pellant un *Recueil d'Épigrammes :*

______

(1) Voltaire.

(69)

parce qu'en effet l'Auteur paroît
s'être plu à s'envelopper dans une
foule d'Antithefes & de Réticences
myftérieufes qui ne quadrent gueres
avec la majefté & la fimplicité des
Loix qui en font l'objet. Ne pour-
rois-je pas même ajouter au nombre
des fingularités qu'on y remarque?
celle des citations multipliées qu'il
y fait, tantôt de certaines Loix qu'on
fait n'avoir jamais été en vigueur
parmi nous, ou qui font tombées
abfolument en défuétude ; tantôt
de certains exemples qu'il rapporte
fous la foi de Voyageurs auffi peu
connus que les Pays dont ils at-
teftent les Ufages : Ufages que
l'Auteur paroît d'ailleurs ne relever
avec tant de complaifance, que
pour mieux ridiculifer les nôtres.

Quoi qu'il en foit : à ne confidérer cet Ouvrage que dans la partie qui concerne le Syftême que je viens de combattre , vous conviendrez fans doute , Monfieur, avec moi, que l'Auteur paroît s'y être moins occupé du foin de faire connoître l'Efprit des Loix, que le fien propre; qu'il y a moins traité fa matiere en Differtateur profond, tel que le demandoit l'importance de fon fujet , qu'en Obfervateur partial & tranchant , qui paroît vouloir tout faire plier fous fes idées , & s'arroger un Empire defpotique fur les Efprits , à la faveur de ces mots féduifans *d'Humanité & de Bienfaifance* , par lefquels il cherche à éblouir des Cœurs nés malheureufemunt trop fenfibles.

Voilà cependant ce grand homme !
voilà cet Ouvrage immortel qu'on
nous vante si fort !...... Je vous
laisse, Monsieur, sur ces Réflexions,
& suis,

Votre, &c.

MUYART DE VOUGLANS,
Conseiller au Grand-Conseil.

Paris, ce 20 Juin 1785.

LETTRE

DE NOTRE SAINT PERE LE PAPE

PIE VI,

A M. DE VOUGLANS,

Sur ſon Livre DES LOIX CRIMINELLES DE FRANCE.

PIUS, PP. ſextus.

Dilecte Fili...... Salutem et Apostolicam Benedictionem... Libros tuos quos plurima Jurisprudentia refertos eſſe ſcribis, quam libenter acce-

LETTRE

DE NOTRE SAINT PERE LE PAPE

PIE VI,

A M. DE VOUGLANS,

Sur son Livre DES LOIX CRIMINELLES DE FRANCE.

PIE, PAPE, sixieme du Nom.

NOTRE CHER FILS, SALUT ET BÉNÉDICTION APOSTOLIQUE. Nous avons reçu avec bien de la satisfaction les Ouvrages de Jurisprudence que vous Nous avez adressé. Nous connoissions assez depuis long-tems votre

pimus. *Dudùm jam te mul-
tiplici Eruditione, exquifita-
que Doctrina præftantem no-
vimus, ut minimè dubitemus
quin Opus te ipfo dignum fit,
eoque perpetua Nomini tuo
Laus quæfita videatur. Con-
fidimus. itaque hoc Noftrum
judicium de te plane confir-
matum iri Lectione cujus
adhuc defiderio tenemur eo-
rumd. Librorum. Scias tamen,
volumus, plurima Nos te Be-
nevolentia, gratoque Animo*

vaſte Érudition & votre ex-
cellente Doctrine, pour ne
point douter que ce dernier
Ouvrage ne ſoit digne de
vous, & ne contribue à per-
pétuer la célébrité de votre
Nom. Auſſi, ſommes-Nous
bien perſuadé d'avance, que
la lecture entiere que Nous
deſirons en faire, ne ſervira
qu'à Nous confirmer pleine-
ment dans cette idée. Nous
ſommes cependant bien aiſe
que vous ſachiez dès à pré-
ſent que l'Ardeur & l'intré-
pidité du Zele que vous Nous

complecti, quem studio Re-
ligionis flagrantem, strenuum-
que Novatorum Hostem esse
ex Litteris diligenter ad Nos
scriptis intelleximus. Si quid
igitur ad Conditionem tuam
ornandam, augendamve per-
tinebit, nihil unquam à nobis
deerit ; & in Paternæ hujus
erga te voluntatis Nostræ pig-
nus, tibi. D I L E C T E
F I L I, Salutem & Apos-
tolicam Benedictionem per-
amanter impertimus.

montrez par vos Lettres pour
la Défenſe de la Religion
contre les Novateurs , vous
ont concilié les ſentimens
particuliers de Notre Bien-
veillance & de Notre Grati-
tude : Et en conſéquence , ſi
vous croyez que Nous puiſſions contribuer, de quelque
maniere , à décorer, ou augmenter le luſtre de votre
Dignité , Nous ſommes diſ-
poſés à faire tout ce qui dé-
pendra de Nous. Recevez
pour gage de Notre bonne
volonté & affection pater-

*Datis R O M Æ , apud
S. P E T R U M , pridiè
Kalendas Februarias M. DCC.
LXXXI., Pontificatus Nostri
anno sexto.*

Nota. Au dos est écrit: *Dilectâ Filio
MUYART DE VOUGLANS, Regis
Consiliario. LUTETIAM PARISIORUM.*

nelle envers vous , NOTRE
CHER FILS , le Salut & la Bénédiction Apostolique que
Nous vous donnons de tout
notre cœur.

Donné à ROME , en notre
Palais de S. PIERRE , le jour
avant les Kalendes de Fé-
vrier 1781 , la sixieme année
de notre Pontificat.

Nota. Au dos est écrit : A notre
cher Fils, MUYART DE VOUGLANS,
Conseiller au Grand - Conseil, A
PARIS.

LETTRE

DU ROI DE SARDAIGNE,

A **M.** DE VOUGLANS,

Sur son Livre DES LOIX CRIMINELLES DE FRANCE.

M. MUYART DE VOUGLANS...

Le Baron de Choiseuil Nous a présenté, de votre part, un Exemplaire de l'Ouvrage que vous venez de mettre au jour. Nous l'avons reçu avec le plus grand plaisir ; & quoique Nous n'ayions eu jusqu'ici qu'à peine le tems de le parcourir, il n'a pas laiſſé que de nous donner une idée très-avantageuſe de vos Talens & de vos Lumieres ſur une Matiere auſſi importante. Les ſentimens que vous Nous avez exprimé dans la Lettre qui accompagnoit cet Ouvrage, Nous ont été très-agréables, & méritent toute Notre Reconnoiſſance. Nous deſirons ſincérement de trouver des occaſions, où Nous puiſſions vous dönner des marques réelles de Notre Eſtime, & du cas particu-

(83)

lier que Nous faifons de votre Perfonne. SUR CE, Nous prions Dieu qu'il vous ait en fa fainte Garde......

A MONTCAILLIER, le 6 Juillet 1782.

Signé *V. AMÉ.*

Nota. Au dos eft écrit : A M. MUYART DE VOUGLANS.

www.ingramcontent.com/pod-product-compliance
Lightning Source LLC
Chambersburg PA
CBHW061757050726
47598CB00002B/766